LES
FONCTIONNAIRES DES COLONIES

EN AVANT!

Par un voyageur

ANCIEN ÉLÈVE DE L'ÉCOLE DES ARTS ET MÉTIERS D'ANGERS

ARTICLES PRÉCÉDÉS D'UNE LETTRE

A M. l'Amiral PEYRON

Ministre de la Marine et des Colonies

Signée : UN INGÉNIEUR

« Chacun à son poste et le navire
« gouverne droit! »

PRIX : UN FRANC

SE TROUVE :

AU BUREAU DU *JOURNAL DES FONCTIONNAIRES*

8, RUE DE LA CHAISE, PARIS.

LES
FONCTIONNAIRES DES COLONIES

EN AVANT!

Par un voyageur

ANCIEN ÉLÈVE DE L'ÉCOLE DES ARTS ET MÉTIERS D'ANGERS

ARTICLES PRÉCÉDÉS D'UNE LETTRE

A M. l'Amiral PEYRON

Ministre de la Marine et des Colonies

Signée : UN INGÉNIEUR

« *Chacun à son poste et le navire*
« *gouverne droit!* »

PRIX : UN FRANC

SE TROUVE :

AU BUREAU DU *JOURNAL DES FONCTIONNAIRES*

8, RUE DE LA CHAISE, PARIS.

DÉDIÉ

A MM. LES MEMBRES DU CONSEIL SUPÉRIEUR DES COLONIES

A Monsieur l'amiral Peyron, Ministre de la Marine

Amiral,

Au moment où nous faisons éditer en un recueil les différents articles parus dans le *Journal des Fonctionnaires*, au sujet des fonctionnaires des colonies, nous apprenons qu'un horloger de profession, âgé de plus de cinquante ans, vient d'être nommé conducteur des Ponts et Chaussées pour servir dans une colonie pénitentiaire.

Il nous a semblé qu'il ne serait pas plus coûteux pour les contribuables, d'utiliser la spécialité de cet employé en le nommant *Enseigne de vaisseau auxiliaire*, parce que à bord d'un navire il pourrait être *officier des montres*.

Il est fâcheux qu'un exemple de ce genre puisse être l'objet avec raison pour le ministre des travaux publics, de l'objection d'accepter la fusion du cadre colonial avec le cadre métropolitain, après revision seulement de tous les emplois ou grades conférés au personnel des travaux employé dans toutes nos colonies.

Nous souhaitons ardemment, dans l'intérêt du personnel des travaux, que vous voudrez bien agréer l'expression de notre sincère dévouement à une cause pour laquelle votre haute bienveillance ne peut manquer d'être acquise et que pour meilleure preuve cette nomination signalée sera rapportée.

Daignez agréer, Amiral, l'assurance du profond respect avec lequel nous avons l'honneur d'être votre très obéissant serviteur.

Un Ingénieur.

Paris, 30 décembre 1884.

PRÉFACE

On ne saurait trop louer la Presse au sujet de ses efforts pour atteindre nos gouvernants dans leurs plus petits retranchements, lorsque le but est de dévoiler les détails de leur administration respective, par lesquels l'opinion publique se fait juge de leur aptitude à maintenir l'esprit de justice qui doit régner sous le gouvernement d'une République.

C'est en effet en éloignant tout sentiment de faveur, en récompensant alors chacun suivant ses œuvres, que la dignité de nos Ministres s'affirme.

S'ils ne peuvent faire, pensons-nous, tout le bien qu'ils désirent, cela tient aux restes de régimes où l'intrigue et les bassesses de tous genres ont prévalu.

Les bureaucrates ministériels ont toujours eu la réputation d'être plus solides à leurs postes que les gouvernants. Un jour viendra, et il n'est pas éloigné, sans doute, où cette lutte cessera et que forts de leur droit et de leur expérience des affaires publiques, les secrétaires d'Etat auront tracé et fait adopter des lois nouvelles basées sur l'économie à réaliser dans nos finances, et sur le dévouement ainsi que sur le talent que doivent posséder les fonctionnaires de tout rang.

Nous sommes d'avis que l'élimination d'un grand nombre de ceux trop confiants dans *leurs droits acquis*, sera une grande mesure d'économie budgétaire et que la réglementation uniforme de l'avenir chez tout serviteur de l'Etat, réalisera une des plus grandes améliorations réclamées.

Sur la foi de notre devise patriotique *Liberté, Egalité, Fraternité*, nous adjurons les pouvoirs publics d'écouter la voix de la Presse, et si de la tribune que nous avons choisie pour nous faire entendre (le *Journal des Fonctionnaires* nous servant de tribune), nous pouvons convaincre une grande partie de notre auditoire et obtenir quelques réformes, notre tâche sera accomplie.

Nous avons pensé qu'au moment où la possibilité de l'agrandissement de notre empire colonial fait porter l'attention de la France entière sur nos possessions d'outre-mer, qu'il était opportun de s'occuper des fonctionnaires coloniaux.

Nous profitons de *la plume* d'un pigeon voyageur qui déjà a deux fois fait le tour du monde, en s'arrêtant dans beaucoup de colonies. Ce qu'il a su recueillir en cours de voyage ayant été livré à la publicité (voir *Journal des Fonctionnaires*, septembre et octobre dernier) nous permet d'étudier une organisation du personnel colonial, notamment en ce qui concerne les différents services de travaux que nous voudrions voir réunis en un corps spécial sous le nom du *Génie civil*, laissant l'Artillerie de marine ainsi que le Génie militaire se partager les attributions suivant l'indication de leur spécialité ; l'une ne devant pas être substituée à l'autre.

Tout en laissant à chaque colonie l'autonomie qui seule peut lui permettre de se développer suivant les mœurs dans les latitudes où elle se trouve, nous sommes convaincu qu'un mode uniforme de recrutement pour les membres d'une même famille ne peut manquer de donner les meilleurs résultats, tant pour la confraternité nécessaire entre fonctionnaires que pour la bonne application des crédits ouverts chaque année, ce qui se chiffre par des millions et surtout pour une spécialité où les conscrits font un apprentissage coûteux aux contribuables. Il faut absolument, pour les travaux du ressort de l'ingénieur, les indications de maîtres qui en France suivent chaque jour les progrès de leur art et dont le concours n'est efficace qu'en reconnaissant à leurs subordonnés et à leurs collaborateurs, une communauté d'origine. Sans cela, les efforts s'éparpillent pour laisser à des autorités étrangères à une spécialité la satisfaction de conduire à leur guise un personnel qu'ils ne peuvent commander directement, pas plus qu'un fantassin ne peut être en sous-ordre d'un carabinier.

Rien ne pourrait mieux expliquer notre désir, qu'en souhaitant pour le personnel des travaux, ou le Génie civil des colonies, l'application des considérants suivants invoqués par un ministre de l'Intérieur au sujet du service des chemins vicinaux, cependant bien organisé dans presque tous nos départements de France. Ce que nous demandons de mieux encore qu'un comité institué près du ministre dont doivent dépendre les colonies, c'est une inspection dite de la section coloniale, ayant pour mission de régler tout ce qui concerne l'avenir du personnel et l'emploi de la main-d'œuvre ainsi que du matériel, dans les travaux aux colonies et de reconnaître *de visu* la bonne exécution des ordres ou des méthodes.

Voici ce que dit le décret du 9 juillet 1879 dans les considérants précités : « Art. 1er. Il est institué près du ministre de l'Intérieur un comité consultatif de la vicinalité, ayant pour mission de donner son avis sur les questions concernant le service vicinal qui seront soumises par le ministre à son examen. »

L'Art. 2 prescrit que ce comité se réunit sous la présidence du sous-secrétaire d'Etat au département de l'intérieur. Les membres en sont nommés et remplacés par arrêté du ministre.

Quelques passages extraits du rapport qui accompagne le décret du 9 juillet font connaître les raisons qui ont provoqué la création de ce comité.

« ..... Le champ des opérations, tel qu'il résultait de la loi du 11 juillet 1868, a reçu en même temps qu'un accroissement de ressources, une notable extension par la faculté de donner à tous les départements, quelle que soit la valeur de leurs centimes, d'emprunter à la caisse des chemins vicinaux pour achever leurs chemins de grande communication et d'intérêt commun.

« Il importe que cette vaste entreprise soit conduite avec méthode d'après des règles uniformes, constantes et bien définies, qui assurent la stricte exécution des volontés du législateur, clairement indiquées par le texte même de la loi et confirmées par la déclaration faite au cours de la discussion.

« L'application de ces règles soulève des questions techniques dont la solution exige les lumières et l'expérience d'hommes spéciaux.

« D'autre part, les travaux de la vicinalité exécutés dans chaque département, sous la direction d'un agent voyer en chef comprenant de nombreux ouvrages d'art, dont les projets ne sont soumis à aucun contrôle. Les départements et les communes, au point de vue de leurs finances, l'Etat, au double point de vue des sacrifices qu'il s'impose pour leur venir en aide et de la surveillance qu'il a le devoir d'exercer sur les actes de ses fonctionnaires et agents, ont intérêt à ce que ce contrôle soit établi.

« Pour répondre à ces besoins divers, pour éclairer mes décisions et couvrir ma responsabilité, j'ai l'honneur de vous proposer, monsieur le Président, d'instituer auprès de mon administration un Comité consultatif de la vicinalité. Placé sous la présidence de M. le sous-secrétaire d'Etat, ce comité comprendrait des représentants de l'administration centrale et des ingénieurs du service vicinal. »

Nos lecteurs reconnaîtront la nécessité d'une pareille institution en attendant la création de l'inspection technique rayonnant de Paris vers toutes les colonies.

Les articles qui vont suivre vont les convaincre sans doute.

LES FONCTIONNAIRES DES COLONIES

Nous reproduisons, suivant la date et l'ordre dans lequel ils ont paru, les articles suivants extraits du *Journal des Fonctionnaires*. (Voir les numéros 126, 127, 128, 129, 130 et 131.)

Paris, 21 *septembre* 1884.

Nous rappellerons à l'attention de M. le ministre de la Marine différentes questions concernant le personnel des Colonies. Reproduisons d'abord le petit article suivant, extrait du *Journal d'Outre-Mer*, n° du 12 février 1884 :

« M. Félix Faure, sous-secrétaire d'Etat, a été entendu par la commission chargée d'examiner la proposition de loi de M. Pierre Alype tendant à accorder aux fonctionnaires des colonies la retraite après 25 ans de services, au lieu de 30 ans :

« M. Félix Faure a déclaré que le gouvernement était absolument favorable à la proposition de loi ; il a formulé une seule réserve : « La Martinique et la Guadeloupe devront être considérées comme une seule et même colonie au point de vue des pensions de retraite », c'est-à-dire que, vu la proximité de ces deux colonies, on ne pourra pas considérer comme servant hors du pays natal les fonctionnaires envoyés de la Martinique à la Guadeloupe, ou réciproquement de la Guadeloupe à la Martinique.

Par suite, ils ne pourront bénéficier des avantages de la nouvelle loi ; mais il en sera tout autrement, s'ils sont appelés à servir soit à la Guyane, soit au Sénégal, soit ailleurs.

« La commission a accepté la modification proposée par M. le sous-secrétaire d'Etat et elle a nommé M. Pierre Alype rapporteur, avec mandat de conclure à l'adoption de la proposition de loi. »

Nous recommandons aussi à l'attention de M. le sous-secrétaire d'Etat de la Marine, le projet de loi Cantagrel, déposé à la Chambre des députés, pour la réorganisation en France du corps des Ponts et Chaussées, le 28 mai 1881. (Documents parlementaires, mai 1881, pages 767 à 783.)

Paris, 28 *septembre* 1884.

Décidément le ministère installé à l'angle de la rue Royale et de la place de la Concorde veut sérieusement s'inquiéter des intérêts coloniaux; nous en avons la preuve en lisant une note qu'il a communiquée à la presse parisienne et que nous cueillons dans le numéro du 18 septembre du journal *les Tablettes des Deux-Charentes*, feuille semi-officielle du ministère de la marine. Nous nous empressons de la reproduire.

« Dorénavant les candidats à un emploi
« colonial quelconque devront présenter un
« certificat médical constatant l'état de leur
« santé.

« L'administration supérieure sera ainsi
« mise à même de repousser ceux qui ne

« paraîtraient pas pouvoir supporter le cli-
« mat de nos colonies.

« Cette mesure a pour but d'éviter les
« rapatriements immédiats de fonctionnaires
« qui quittent leur poste sans avoir pu
« rendre des services. Le budget profitera
« ainsi des économies réalisées et la bonne
« marche des affaires sera assurée. »

Il nous semble, en effet, qu'il est bien naturel, quand on recrute du personnel pour
des pays où la santé est plus facilement en-
dommagée, de s'inquiéter d'avoir des sujets
assez robustes pour pouvoir lutter contre les
mauvais climats. On économise ainsi des
hommes et de l'argent.

Est-ce qu'il n'y aurait pas lieu aussi d'exiger que les fonctionnaires civils du cadre
colonial aient satisfait à la loi sur le recrutement, afin de ne pas voir les cadres des
services coloniaux encombrés par des jeunes
poltrons qui désertent ensuite l'administration sans avoir été soumis à une obligation
qu'aucun Français ne doit fuir !

Dans les administrations coloniales c'est
un va-et-vient continuel de déserteurs de ce
nouveau genre qui se disent autorisés par
un décret favorisant soi-disant la colonisation.

Ce n'est point avec des individus de ce
calibre que l'on peut être bien administré ni
que l'on fonde des établissements sérieux au
delà des mers !

Les meilleurs soldats font les meilleurs
colons; et les meilleurs administrateurs sont
ceux qui n'ont pas déserté leur drapeau.

Paris, 5 octobre 1884.

Nos relations amicales avec le personnel
des Colonies nous assurent la bonne fortune
de recevoir des journaux d'outre-mer que
nous lisons avec intérêt. C'est ainsi qu'il
nous est permis d'annoncer comme un vœu
unanime de voir fusionner tous les agents
coloniaux avec leurs similaires de la Métropole. Nous admettrions même une revision
pour ceux qui, ayant moins de trois ans, par
exemple, d'emploi dans une fonction aux
colonies, n'auraient pas suffisamment démon-

tré les aptitudes nécessaires pour être main-
tenus dans le cadre.

Nous voudrions voir supprimer désormais
le qualificatif de colonial à tout grade ou
emploi, attendu que cela paraît être un dimi-
nutif de la valeur de l'agent.

Que dirait-on d'un capitaine ou d'un amiral
colonial? Est-ce que les services postaux ou
télégraphiques sont créés pour le continent
seulement. Les ponts et les chaussées ou les
chemins de fer ne sont-ils pas aussi difficiles
à exécuter aux colonies qu'en France?

Un bassin de radoub se fait-il autrement
dans un port des colonies que sur les rives
de France? La justice peut-elle être rendue
autrement aux colonies qu'en France?

Nous comprenons que dans les services
coloniaux on prenne des agents subalternes
au titre d'auxiliaires pour combler temporai-
rement les vides ; mais en commençant dans
la dénomination de leur emploi par la dési-
gnation de ce titre. Par exemple, on dirait
un employé auxiliaire des postes, au lieu
de dire un commis colonial.

Le cadre colonial se comprend par la raison qu'il faut détacher de chaque administration le personnel de France pour les pays
d'outre-mer, de même que l'on dit : l'armée
coloniale, dans laquelle on ne veut pas voir,
bien entendu, des officiers ou des soldats ne
pouvant aller au feu qu'à l'ombre des cocotiers
ou dans des champs de cannes à sucre. Ce
qui semblerait ridiculiser les uns est cependant le cas pour les autres.

Paris, 12 octobre 1884.

Au sujet du projet présenté par M. le
général Campenon, pour l'organisation de
l'armée coloniale et de l'armée d'Afrique,
les Tablettes des Deux-Charentes dévelop-
pent dans le numéro du 4 de ce mois, un article dont nous extrayons le passage suivant :

« Une opinion qu'il serait très curieux
d'enregistrer, est celle de M. Félix Faure,
sous-secrétaire d'Etat aux Colonies. Ce
fonctionnaire, en effet, doit avoir une opinion
sur la matière. Penche-t-il pour le passage
à la Guerre, des troupes chargées de la
défense du domaine qu'il administre ; est-il,

au contraire, pour le maintien du *statu quo*, qu'il voit fonctionner tous les jours? les *Tablettes* ne sauraient lui prêter un sentiment qu'elles ignorent ; cependant, à première vue, s'il ne considère que les services rendus, s'il sait ne pas envisager la création d'une armée coloniale autonome simplement comme un pas fait vers la constitution d'un ministère des Colonies, se séparant complètement de la Marine, il semble qu'il doit être pour l'état de choses présent.

« La déclaration de M. Félix Faure aurait un grand poids ; aussi prenons-nous la liberté de lui signaler la question comme digne de son examen attentif. »

Ne voyons-nous pas dans ce même numéro des *Deux-Charentes*, l'avis qu'une commission va être constituée à Paris sous la présidence de l'amiral Du Petit Thouars, dans le but d'examiner quelles modifications peuvent être apportées aux décrets et règlements qui régissent actuellement le corps de santé de la marine.

C'est à notre connaissance la centième fois que cela recommence. Décidément une commission constituée pour réveiller nos fabricants de règlements pour le personnel civil des Colonies ferait également de la bonne besogne, tout aussi nécessaire que celle reconnue utile pour MM. les médecins de la marine.

Il n'y aura rien de mieux en somme que la création d'un ministère spécial pour nos possessions d'outre-mer, sans surcroît de frais généraux pour cela, puisque le personnel et les cartons n'auraient qu'à être placés sous un autre toit.

La qualité suppléerait à la quantité, s'il y avait pénurie d'agents, en mélangeant dans ce ministère le personnel habitué aux affaires coloniales avec ceux qui seraient tenus à leur tour d'aller apprendre hors de France comment s'administre une colonie.

Paris, 19 *octobre* 1884.

Depuis plusieurs semaines toute la presse parisienne annonçait la démission de M. Hérisson, et son remplacement au ministère du commerce par M. Rouvier, député, pré-sident de la commission du budget. Il devait s'ensuivre la dislocation du ministère de la marine et des colonies ; toute la direction des colonies avec M. Félix Faure en tête devait partir de la rue Royale et passer la Seine.

De toutes ces nouvelles il n'y a de vrai que le décret du 14 octobre par lequel M. Rouvier remplace purement et simplement M. Hérisson.

On dit maintenant que M. l'amiral Peyron, ministre de la marine, et M. Rouvier, en compagnie de M. Félix Faure, travaillent ensemble afin d'arriver à la réalisation d'une entente pour le passage des colonies au ministère du Commerce.

Espérons que M. Félix Faure obtiendra que son sous-secrétariat soit changé en portefeuille de Ministre et qu'enfin chacun étant chez soi tout marchera bien.

Chacun à son poste et le navire gouverne droit !

Nos doléances au sujet du personnel civil de toutes les Administrations aux Colonies seront donc adressées à un autre ministre, M. Rouvier, dans l'hypothèse qu'il ait l'intention de s'occuper des Colonies, et nous continuerons à faire connaître à M. l'amiral Peyron et à M. Félix Faure par la voie de ce journal, les *desiderata* d'un personnel si nombreux et si digne d'intérêt parmi lequel nous comptons tous des amis.

Paris, 26 *octobre* 1884.

S'il existe des réformes à réaliser dans tout ce qui concerne le recrutement, l'avancement, l'assimilation et les retraites pour le personnel des administrations dans les Colonies, il est à souhaiter qu'en se mettant à cette besogne, que l'on ne peut retarder désormais, il ne soit pas perdu de vue deux questions bien importantes. Il s'agit des congés et des embarquements pour les voyages à effectuer soit pour se rendre en France soit pour rejoindre son poste dans une colonie.

Pour les congés, nous n'admettrons que deux cas établissant la différence dans le remboursement des frais de transport à l'administration ; nous comprenons, par exemple, que pour un voyage déterminé au sujet d'affaires personnelles, l'intéressé en supporte seul les frais ; mais que dans les autres cas, tout soit ramené à la règle établie déjà en ce qui concerne les congés de convalescence.

Maintenant, en ce qui concerne les embarquements, si l'on comprend que, pour l'accomplissement des ordres de service, le fonctionnaire ne puisse choisir dans la colonie le moyen de transport à mettre à sa disposition, il en pourrait être autrement quand il s'agit d'un voyage au long cours, imposé aux uns par navire à voile, aux autres par transport de l'Etat et aux plus favorisés par la voie des paquebots-poste.

Sous notre gouvernement, il ne devrait y avoir qu'une même règle applicable à tous. Ainsi, à l'occasion des longs voyages, nous souhaitons que les fonctionnaires civils ne soient jamais embarqués sur les navires de l'Etat, en réservant ces transports pour les combattants, et qu'ils ne soient plus comme arrimés sur des navires de commerce pour passer en mer un temps double ou triple de celui nécessaire en employant les paquebots-poste.

Il n'y aurait plus à redouter d'être soumis aux faveurs ou caprices des dispensateurs de passages. De même qu'il paraîtrait absurde d'admettre en France que certains fonctionnaires pourraient seuls voyager en chemin de fer pendant qu'il serait réservé à certaines catégories d'agents d'utiliser les tapissières ou les coucous du bon vieux temps.

Nous aimons le progrès pour tous et partout.

EN AVANT !

I

Quand on lit dans le *Bulletin officiel de la marine*, n° 38, la notification faite le 4 août 1884, aux gouverneurs des Colonies, au sujet du décret du 16 juillet précédent, réorganisant les Directions de l'intérieur, ainsi que la notification faite le 7 août également au sujet du décret du 2 du même mois, portant organisation des gardiens-concierges des bâtiments militaires, on est frappé de l'esprit de justice qui règne actuellement au Ministère de la marine à l'égard du personnel colonial et du soin que l'on met à lui assurer un avenir. Il est donc naturel de penser qu'il suffira d'éveiller l'attention du Ministre et du sous-secrétaire d'Etat de la marine au sujet du personnel des travaux civils aux colonies (Ponts et Chaussées, travaux pénitentiaires, chemins vicinaux), pour qu'ils ordonnent l'étude d'une organisation concernant ces différents services.

A cet égard nous publierons des documents de nature à les instruire. Pour aujourd'hui, nous exposerons ce qui suit :

En ce qui concerne le recrutement du personnel des travaux, depuis le piqueur jusqu'au directeur, il n'y a aucune règle. Les avancements se donnent également sans répartition proportionnelle pour chaque colonie. Il n'existe aucune hiérarchie. C'est en un mot le gouvernement par le bon plaisir. Tout est affaire de sympathie ou d'antipathie. Il n'en résulte pas précisément une garantie ni pour les agents, ni pour l'Etat

et les colonies dont les crédits annuels se chiffrent par autant de millions qu'on en dépense dans les ports militaires pour les travaux hydrauliques, exécutés par un personnel qui a son cadre bien réglementé et qui est dirigé par des ingénieurs et des inspecteurs généraux des Ponts et Chaussées.

Pourquoi laisser perpétuer cette supposition malveillante qu'en fait de recrutement du personnel, chaque candidat, quel qu'il soit, est bien bon pour les colonies?

C'est au contraire dans les services coloniaux que l'on doit introduire et encourager à y rester, les hommes les plus capables, en raison des difficultés sans nombre qu'ils rencontrent dans l'exécution de leur mandat. Pour cela faut-il les avoir vus à l'œuvre en France et n'envoyer que des sujets éprouvés par un stage de quelques années.

Le rattachement du personnel des travaux au cadre des ports militaires, avec inspection technique renouvelée souvent dans les Colonies est désirable. Mais cette organisation entraînant la création d'un nouveau bureau au ministère, c'est peut-être là l'écueil.

Pourtant il nous semble que l'étude en vaut la peine, tant pour les intérêts du personnel que pour ceux du Trésor et des Colonies.

II

Avant d'entrer dans l'étude d'un projet d'organisation pour le personnel des travaux destiné à servir dans les colonies, étude que nous demandons au Ministre et au sous-secrétaire d'Etat de la Marine d'ordonner, signalons une simple modification à faire pour réparer un oubli très préjudiciable dans certains cas.

Il s'agit du règlement au sujet des frais de route à payer au personnel voyageant en France et aux colonies.

Les extraits suivants des documents officiels actuellement en vigueur feront ressortir l'oubli à réparer.

Extrait du décret du 12 janvier 1870, sur les indemnités de route et de séjour allouées aux officiers et agents, voyageant isolément en France.

PERSONNEL DES DIRECTIONS DE L'INTÉRIEUR

Chef de bureau de 2ᵉ cl.	Prix par kil.
Sous-chef de bureau de 1ʳᵉ cl.	parcourus.
— 2ᵉ cl.	20 cent.
Commis et écrivains,	15 cent.

PERSONNEL DES PONTS ET CHAUSSÉES

Ingénieur colonial,	20 cent.
Sous-Ingénieur,	
Conducteur,	15 cent.

PERSONNEL DU SERVICE TÉLÉGRAPHIQUE

Commis principal,	20 cent.
Employé et surnuméraire,	15 cent.

Arrêté ministériel du 19 janvier 1878, sur les indemnités de route et de séjour à allouer au personnel, ressortissant au département de la Marine et des Colonies (ledit arrêté étant appliqué actuellement aux Colonies). Bulletin officiel de la Marine, pages 705 à 765.

Officiers inférieurs et assimilés.

DIRECTION DE L'INTÉRIEUR

SERVICE PÉNITENTIAIRE

Chef de bureau de 2ᵉ classe,	Taxe des frais de route 50 cent. par kilomètre.
Sous-chefs de bureau,	
Ingénieur ordinaire,	
Ingénieurs coloniaux,	
Sous-ingénieurs coloniaux,	Taxe des frais de séjour. 12 fr. par jour.
Conducteurs principaux,	
Ingénieurs,	
Sous-Ingénieurs,	
Conducteur principal,	

Aspirants et assimilés.

DIRECTION DE L'INTÉRIEUR

Commis titulaires,	Taxe par kil. 40 cent.
Ecrivains —	
Elève ingénieur,	Indemnité de séjour,
Conducteur,	
Agent-voyer,	10 fr. par jour.
Gardes-mines.	

Dans le tableau des agents de l'administration pénitentiaire, les conducteurs des Ponts et Chaussées, qui peuvent être employés par cette administration, ni tous autres conducteurs de travaux n'y sont pas indiqués.

Remarquons aussi que la circulaire ministérielle du 22 avril 1880 modifiant le classement du personnel, à bord des bâtiments de l'Etat, assigne au sous-ingénieur et au conducteur principal le droit à la table d'officier, tandis que le conducteur est placé à la table d'aspirant.

Il résulte donc qu'en faisant le rapprochement des deux documents ministériels précités des 19 janvier 1878 et 22 avril 1880, que le décret du 12 janvier 1870 devrait être modifié en ce qui concerne les frais de route à payer sur le sol français aux sous-ingénieurs et conducteurs du cadre colonial, car ils ne peuvent avoir une assimilation différente pour le règlement des frais de voyage en France et aux colonies.

Il était simple de prévoir les deux cas, comme cela vient d'être fait à l'occasion du personnel des gardiens-concierges des bâtiments militaires dont nous avons cité déjà l'organisation.

Nous voyons, dans le décret du 2 août dernier qui les concerne, le tableau des indemnités de route et de séjour établi comme suit.

Indemnités de route et de séjour :

EN FRANCE			AUX COLONIES	
Indemnité de route par kilom.			Indemnité de route par kilom	Indemnité journalière de route ou de séjour.
sur les voies ferrées		sur les voies ordinaires.		
Colonne nᵒ 1	Colonne nᵒ 2			
0.10	0.08	0.15	0.25	4.00

Il est dit d'autre part dans ce décret que ces agents sont classés à bord des bâtiments de l'Etat à la table des maîtres; tout cela est bien clair, il ne peut y avoir de mécompte. Cet exemple est à suivre.

III

Amis et lecteurs, croyez-vous donc que c'est depuis quinze jours seulement que le cri : en avant! a été lancé pour que l'éveil soit donné au sujet du personnel des travaux employé aux colonies? Eh bien, vous faites erreur.

En effet, on vient d'exhumer d'un casier du ministère de la marine des papiers intéressants que nous avons eu l'avantage de pouvoir lire, étant donné l'indiscrétion bien excusable que nous nous sommes permise.

Puisque c'est dans le but de pouvoir être utile à des agents parmi lesquels nous comptons quelques bonnes relations, cette indiscrétion étant pardonnée d'avance, nous allons vous en faire profiter. L'exhumation qui vient d'être opérée permettra peut-être aussi aux chefs de bureau du ministère de s'occuper d'une question que leurs prédécesseurs avaient cru devoir enterrer.

Comme on le verra par la date du premier document, il y a plus de dix années que des efforts ont été tentés avec promesse de prise en considération.

Allons, messieurs de la rue Royale, n'attendez pas encore dix années pour faire un acte prouvant votre attachement au personnel des colonies.

Nous pensons qu'il importe peu au lecteur de savoir de quelle colonie proviennent les documents que nous reproduisons, nous estimons que ce qu'il y a de plus intéressant, c'est de penser qu'ils expliquent bien ce qui se passe à l'égard de toutes nos colonies.

COLONIE DE...

—

DIRECTION DES PONTS ET CHAUSSÉES

—

N° 32, reg. C.

Au sujet de l'organisation du personnel des Ponts et Chaussées dans les colonies françaises.

Le 28 février 1874.

Monsieur le Commissaire-Inspecteur,

J'ai l'honneur de placer sous vos yeux une esquisse de projet d'organisation du personnel du cadre colonial des Ponts et Chaussées, accompagnée d'un rapport. Ces documents, rédigés par M. N..., conducteur, chef de bureau, me paraissent de nature à être pris en considération dans certaines proportions et c'est à ce titre que je prends la liberté de vous les soumettre, en faisant appel en leur faveur à la sollicitude et à la bienveillance dont vous voulez bien vous montrer animé pour toutes les parties du service colonial dont le contrôle vous est confié.

Je ne crois pas inutile, monsieur l'Inspecteur, d'ajouter à cet exposé quelques considérations propres à mettre au jour l'esprit d'ordre nécessaire à la marche régulière de toute administration, dans lequel il a été rédigé.

Tous les services compris dans l'ensemble administratif des colonies ont été dotés d'une organisation et, par suite, d'un cadre embrassant le personnel qui les compose. Celui des Ponts et Chaussées seul n'a pas jusqu'ici été appelé à jouir de la même prérogative. Cette situation précaire, due sans doute au rang secondaire assigné à son personnel placé jusqu'ici dans la dépendance du génie militaire et nuisible au recrutement de ce personnel, aussi bien qu'à la marche des opérations du service lui-même, ne saurait se perpétuer sans d'assez graves inconvénients, en présence surtout des dispositions du département à doter ce corps d'une autonomie nécessaire à son développement, exprimées dans une dépêche du 6 septembre 1872.

L'organisation très parfaite sans doute du cadre métropolitain, base naturelle de celle du cadre colonial, réclamerait cependant quelques modifications ou additions que rendent nécessaires les conditions toutes spéciales dans lesquelles sont placés les employés des Colonies.

Il serait aussi nécessaire que ce cadre

embrassât l'ensemble des colonies françaises et que les employés entretenus qui y seraient incorporés pussent, dans le cas où des conditions de santé ou toute autre cause viendraient à l'exiger, alterner de l'une à l'autre, comme le fait a lieu pour le commissariat de la marine et les fonctionnaires des Directions de l'Intérieur desquelles ils relèvent d'une manière directe.

D'autre part, l'obligation particulièrement imposée aux employés du service colonial et à laquelle sont très rarement astreints ceux du cadre métropolitain, d'entreprendre de longs voyages sur les navires de l'Etat et de se trouver en rapport de service, particulièrement dans les commissions, avec des officiers ou employés d'autres corps de la marine, réclame quelques modifications dans le régime dont il leur est fait application aux termes du règlement du 21 septembre 1872.

Dans le premier de ces deux cas, le conducteur, qu'il soit auxiliaire ou entretenu de 4ᵉ classe, de 1ʳᵉ classe ou principal, et le sous-ingénieur colonial même, quel que puisse être le degré de son éducation et son âge, qu'il soit célibataire ou marié, qu'il soit enfin ou non accompagné de sa famille, n'est admis, sur les bâtiments de l'Etat, qu'à la table des élèves. (Règlement précité du 21 septembre 1872.)

Dans le second, la position qui lui est faite lui assigne invariablement le dernier rang. (Note de M. Foucher, commissaire-adjoint de la marine, ordonnateur de la Nouvelle-Calédonie, du 2 mai 1873 ainsi conçue, au sujet d'une commission de recette présidée par un surveillant chef du service pénitentiaire.)

« Les conducteurs des travaux sont des agents subalternes du service local, qui ne peuvent avoir aucune assimilation avec les corps militaires et doivent toujours prendre rang après eux en service.

« C'est à tort que M. l'écrivain de marine G... a été classé après M. le conducteur B...

« Je prie de tenir compte de cette observation pour l'avenir.

« On ne saurait discuter à un surveillant chef, qui dans certaines positions est assimilé aux officiers, le droit de présider une commission composée de membres qui ne jouissent pas de cette assimilation.

« Nouméa, le 2 mai 1873.

« L'Ordonnateur, *Signé :* FOUCHER »

Toute prétention aux assimilations à des grades militaires ne me paraît pas être du ressort d'un corps essentiellement civil, mais il y a là une question de bien-être matériel à laquelle personne n'est indifférent, de nature, ce me semble, à être prise en considération dans le cas d'embarquement d'abord.

La table des élèves, sur un navire de l'État, est sans doute parfaitement établie, mais elle est composée de jeunes gens toujours convenables mais dont les habitudes et les idées sont en contradiction incessante avec celles des personnes d'un certain âge qui ont en général fort peu l'habitude de la navigation. Appelés à vivre avec les élèves dans un local plus connu sous le nom de poste, il survient de là une gêne de tous les instants, qui oblige généralement les femmes d'employés et leur famille à prendre leur repas dans leur cabine et plus souvent dans le faux pont : la jouissance d'une cabine étant une faveur pour tout employé qui, n'étant pas admis à la table de l'Etat-Major, n'a généralement droit qu'à un cadre ou un hamac réglementaire.

De telles conditions seraient applicables sans doute si leur durée était limitée à une période de la carrière de ces employés. Seulement, la chose a lieu pour les aspirants de toutes les conditions : Elèves, commis et écrivains du commissariat ou des Directions de l'Intérieur et appelés à devenir très rapidement officiers. Mais il en est tout autrement pour l'employé des Ponts et Chaussées invariablement voué à les supporter toujours à moins de faveur passagère, alors que les gardes de 2ᵉ classe du Génie et de l'artillerie, les contrôleurs d'armes et les employés les moins élevés en grades des télégraphes, sont d'emblée admis à la table de l'Etat-Major.

Dans le cas enfin où l'employé des Ponts et Chaussées est appelé à faire partie d'une commission, soit pour procéder à la réception des travaux ou de matières, soit pour contrôler les actes d'un entrepreneur, le rang qui lui est assigné, n'est certainement pas en rapport avec l'importance du rôle qu'il est appelé à y jouer, étant presque toujours à peu près seul compétent dans les questions soumises à l'examen de cette commission.

En résumé, Monsieur l'Inspecteur, il résulte des faits, dont je viens d'avoir l'honneur de vous faire l'exposé que la position faite aux employés des Ponts et Chaussées du service colonial, n'est ni enviable ni enviée, parce qu'ils n'appartiennent à aucun cadre bien défini et n'ont par suite droit à aucun avancement régulier. Ils sont souvent à souffrir dans leur amour-propre et plus souvent encore dans leur bien-être matériel, compensation, si nécessaire aux privations, aux fatigues et aux maladies souvent très graves auxquelles un long séjour dans les Colonies, bien rarement saines, les expose; ce qui explique la difficulté comme l'imperfection que présente leur recrutement.

Je n'ai été guidé dans la rédaction de ce modeste exposé par aucune considération personnelle, je m'estimerais cependant heureux, Monsieur l'Inspecteur, si les renseignements qu'il contient peuvent être de quelque utilité au double point de vue de la régularisation du service des Ponts et Chaussées dans nos Colonies, du bien-être et de la considération des employés qui y sont attachés.

Je suis avec un profond respect,
Monsieur le Commissaire-Inspecteur,
Votre très obéissant serviteur.
Le directeur des Ponts et Chaussées.

Signé : N...

Février 1874.

DOCUMENT N° 2.

COLONIE DE...

SERVICE DES PONTS ET CHAUSSÉES

Rapport à M. le Commissaire-Inspecteur de la Marine.

Actuellement le service des Ponts et Chaussées, dans les grandes colonies françaises, forme une direction à part de celle du génie militaire. Le moment est proche où la séparation des services du Génie et des Ponts et Chaussées sera effectuée dans les petites colonies comme le Sénégal, Mayotte, Taïti, les îles Saint-Pierre et Miquelon.

C'est à l'effet de voir réglementer d'une manière uniforme le recrutement du personnel des Travaux publics, que l'esquisse ci-jointe d'un projet essayant d'atteindre ce but profitable et intéressant pour la marche des travaux est présentée à M. le commissaire inspecteur.

Les remarques principales tendant à justifier l'opportunité d'une organisation embrassant d'une manière générale toutes les colonies françaises sont celles-ci :

1° Le Génie militaire ne doit-il pas abandonner bientôt le service des travaux dont plusieurs officiers de ce corps sont chargés dans les colonies? C'est ce qui semble résulter d'une étude ou d'une enquête ouverte à ce sujet, et des renseignements contenus dans une dépêche ministérielle en date du 6 septembre 1872, adressée à M. le gouverneur de la Nouvelle-Calédonie, au sujet de la séparation des services du Génie et des Ponts et Chaussées dans cette colonie (1).

2° — L'absence d'un avenir bien tracé dans le service des Ponts et Chaussées aux colonies, ne permet pas de compter sur des sujets d'élite; et le recrutement de ce personnel se fait sans assez de garanties pour le parallélisme qui convient avec d'autres corps de la Marine. De là, en revanche, une assimilation perpétuelle au dernier rang des commis ou écrivains de la Direction de l'Intérieur. Tandis que ces derniers ont devant eux un avenir toujours croissant en rapport avec les services rendus; et tel qui est aujourd'hui écrivain, peut, après un certain nombre d'années, se voir chef de bureau de 1re classe et, partant, avoir droit à des prérogatives d'officier supérieur. On peut prendre pour exemple l'anomalie de la position faite à un Directeur des Ponts et Chaussées (M. V... sous-ingénieur colonial) à la Nouvelle-Calédonie, traité à la table des aspirants chaque fois qu'il est embarqué, tandis que le chef du service topographique, dans la même colonie, peut être admis à la table du commandant. (Voir décrets du 12 janvier 1870, et circulaire ministérielle du 21 septembre 1872.)

Personne n'ignore que la valeur d'un fonctionnaire dans le ministère de la Marine, est en raison directe de l'assimilation qui lui est faite.

---

(1) « ..... Au reste cette séparation des deux ser-
« vices n'aurait-elle pas été suffisamment motivée
« par les considérations que je viens d'exposer, que
« j'aurais dû la provoquer comme une conséquence
« nécessaire d'une communication qui vient de
« m'être faite par M. le ministre de la Guerre au
« sujet du personnel du Génie détaché au service
« colonial. Il ressort clairement, en effet d'une let-
« tre de M. le général de Cissey, que si le Génie
« militaire continue à servir aux colonies, ce sera
« sous la réserve de n'y être employé qu'au service
« de constructions, qui seront de sa compétence
« spéciale (Fortifications. Bâtiments militaires).
« Cette situation seule eût suffi pour nous créer
« l'obligation de constituer dès à présent, dans
« toutes nos colonies et autant que faire se pourra,
« l'indépendance du service des Travaux civils de
« celui des Travaux militaires. »

3° — La difficulté des mutations d'une colonie à une autre ne permet pas de récompenser ceux qui verraient comme faveur d'être appelés à changer de colonie, tant il est vrai que ceux du cadre de la Cochinchine ne peuvent s'y maintenir jusqu'aux droits acquis pour leur retraite.

4° — L'impossibilité encore de compter sur des permutations, si on n'appartient pas à un corps organisé. — Le mouvement entre le cadre métropolitain et le cadre du service colonial serait assuré, si ce dernier était créé.

5°. — Si l'on se rappelle que pendant les événements de 1870-1871, on a reconnu, en France, que les conducteurs du service des Ponts et Chaussées étaient aptes à conduire, comme lieutenants et capitaines, des compagnies du Génie auxiliaire, on peut rendre cette justice que leurs services ont été très appréciés. Jusqu'à présent dans le ministère de la Marine, on a oublié complètement ces serviteurs de même genre aux colonies; et cependant, on leur demande par leur aptitude, le bon emploi d'une grosse partie des deniers dépensés dans chaque colonie.

Il paraîtrait donc équitable de poser enfin le personnel des Travaux publics aux yeux des plus petits comme des plus grands fonctionnaires du service de la Marine.

De là, plus grande obéissance par les petits et plus grande satisfaction dans les relations de service, partant, plus de dévouement.

Signé : N....

Conducteur des Ponts et Chaussées,
Chef de Bureau.

9 février 1874.

IV.

D'après la lecture des documents présentés en 1874 aux inspecteurs des services administratifs au moment de leur tournée dans une colonie lointaine, ne semble-t-il pas qu'il y avait là un échafaudage suffisamment établi pour se mettre à la construction de l'édifice? Mais en admettant que cet édifice, qui est le règlement demandé, ait paru un gros œuvre, quelle difficulté insurmontable pour poser même la première pierre a-t-on donc trouvée ?

Nous pensons que la difficulté consistait à déblayer certain bureau du ministère et à le remplacer par un autre. Admettant cela, c'est proclamer hautement la toute-puissance d'un ou deux ronds de cuir. On a bien déplacé l'obélisque de Louqsor ! Il était assez facile, après semblable réussite, de donner une poussée à un colosse, fût-il aussi gros que tout le bureau des colonies.

Cependant, depuis 1874 jusqu'à ce jour, nous avons vu beaucoup de ministres se succéder au portefeuille de la Marine, il en est résulté quelques changements dans les bureaux. Le sous-secrétariat d'État, confié à M. le député Félix Faure, réalisera-t-il le vœu exprimé par tous les agents des colonies? Nous l'espérons et ne perdons pas de vue que nous avons promis de lui mettre sous les yeux tous les documents nécessaires.

Les documents n°ˢ 3 et 4 datent de 1877. On a donc laissé dormir les bureaucrates de la rue Royale pendant trois années. En vérité ils auraient pu se réveiller avant et ne pas rester inactifs. Réflexion faite, c'était encore bien du temps perdu de leur mettre sous les yeux pareil rappel d'une affaire confiée en 1874 à des inspecteurs qui ne les ont pas bien tracassés depuis, attendu qu'en 1884, il n'y a encore rien de fait !

DOCUMENT N° 3.

A Monsieur le Directeur des Colonies.

Monsieur le Directeur,

J'ai l'honneur de vous exposer la situation qui est faite aux conducteurs des Ponts et Chaussées des colonies françaises, au point de vue de leur avenir.

Sans entrer dans de grands développements, permettez-moi de demander votre bienveillante attention au sujet d'un personnel nombreux qui attend de l'administration de la Marine la consécration officielle d'une réglementation pour son recrutement et les conditions d'avancement.

Jusqu'à présent, ce qui constitue les difficultés sans nombre, tant pour le recrutement des agents que pour la marche du service dans lequel il n'existe aucune règle hiérarchique, je dois le déclarer, c'est la lutte de l'intrigue contre le droit naturel à l'avancement.

L'inspection mobile, lors de son passage en Nouvelle-Calédonie, a reçu avec bienveillance, à la date du 18 février 1874, une supplique des conducteurs, appuyée par leur chef de service. M. le commissaire inspecteur a bien voulu nous permettre d'être notre interprète dès son retour à Paris.

Nous ignorions à ce moment le décret du 23 septembre 1873 réglementant notre assimilation avec le personnel des Ponts et Chaussées de la métropole. Ce décret accueilli avec reconnaissance nous accordait une partie de nos aspirations.

Depuis, M. le ministre a fait connaître à chaque gouverneur par circulaire en date du 14 juillet 1875, le décret en question, et le nouveau tarif de solde et d'accessoires nous a été appliqué à partir du 1er octobre 1875, c'est-à-dire aussitôt la réception de la dépêche ministérielle.

Donc la question délicate touchant les améliorations de solde et accessoires, question qui nous paraissait la plus difficile à voir réussir, est définitivement réglée à notre entière satisfaction.

Il reste maintenant à régler la question de l'avenir auquel chacun peut prétendre en échange de ses services. Tel est le but de ma pétition qui, j'ose l'espérer, sera l'objet de votre bienveillante attention.

Permettez-moi, Monsieur le Directeur, de vous faire remarquer qu'il existe dans chaque colonie trois catégories d'agents portant le titre de conducteurs des Ponts et Chaussées.

1° Ceux nommés par le ministre des travaux publics et prêtés au ministère de la marine, sur sa demande;

2° Ceux nommés par le ministère de la marine sur le vu de certificats de capacité et de services antérieurs;

3° Ceux nommés par les gouverneurs au fur et à mesure des vacances d'emploi.

C'est là, dans ces trois modes de recrutement qu'existe le fond des difficultés qui s'élèvent chaque jour entre agents du même titre. On objecte, quand on veut, à ceux des deux dernières catégories précitées, que l'assimilation avec les conducteurs métropolitains ne leur ouvre aucun droit à une position du même genre en France ou dans toute colonie. Joint, à cela, qu'un chef de service des Ponts et Chaussées peut provenir de n'importe quel bureau d'architecte de France, on voit tout de suite que les espérances des serviteurs ayant 10, 15, 20 ans de colonies, ne sont traitées que comme de vaines prétentions.

C'est ainsi que manquant de règles hiérarchiques, n'offrant point non plus de moyens de changement d'une colonie à une autre avec ou sans avancement, ne conservant pas aux agents déjà employés depuis longtemps dans les colonies, les grades élevés, ne leur accordant même pas en France une position équivalente à celle correspondant à leur assimilation ayant fait l'objet du décret du 23 septembre 1873, on conçoit combien le découragement peut s'emparer de ceux qui n'attendent que de l'équité de leur chef la marche rationnelle de leur avenir.

Les chefs de service pouvant faire à ce sujet tout ce que bon leur semble.

Nous avons vu réglementer à nouveau le commissariat des colonies et le service de santé de la marine. Les directions de l'intérieur ont aussi un avenir tracé pour leurs employés. Les imprimeries coloniales ont leur règlement et un service aussi important que celui des travaux n'a jamais rien eu de pareil.

Nous désirons donc une organisation générale et, dût-on en arriver à une revision des emplois ou avancements conférés par les gouverneurs, je suis parfaitement convaincu que chaque service public mis tous les jours en rapport avec le service des Ponts et Chaussées applaudirait aussi à cette mesure.

Attendu qu'il faut penser à nos relations avec les autres services de la marine, et à ce sujet notre assimilation comme membres de commissions d'examen de matières ou de travaux exécutés, est quelquefois bien étrange.

Pour résoudre le problème au sujet de notre avenir, je pense, monsieur le directeur, qu'on peut prendre pour raisons toutes celles recueillies sans doute déjà à ce sujet et les motifs exposés à la Chambre des députés lors de la réorganisation pour nos camarades les gardes du génie. (Séances du 19 janvier 1875 et du 12 mars suivant.)

Conclusion : On pourrait nous assimiler aux agents des directions de l'intérieur dans les colonies afin de faciliter les relations de service avec les administrations coloniales et créer une section de conducteurs, sous-ingénieurs et ingénieurs du Génie civil de la marine et des colonies. On nous supprimerait le titre de conducteur des Ponts et Chaussées puisqu'il ne peut nous permettre de permuter avec ceux de la métropole.

Serviteurs de la marine, aux mêmes titres que les conducteurs des travaux hydrauliques, nous pourrions trouver dans les ports militaires, quand notre santé le réclamerait, le moyen de séjourner et de travailler quelques années en France ou en Algérie même.

Nous dépendrions enfin d'ingénieurs des Ponts et Chaussées attachés au ministère de la marine et nous puiserions près d'eux les enseignements de la science qu'ils savent si bien prodiguer à leurs auxiliaires.

Tels sont là nos plus grands désirs.

Daignez agréer, monsieur le directeur, l'hommage du plus profond respect avec lequel j'ai l'honneur d'être votre très humble serviteur,

Signé : N...

Paris, 31 janvier 1877.

DOCUMENT N° 4.

A Monsieur le directeur des Colonies.

Monsieur le Directeur,

Le personnel nombreux d'agents civils employés dans le service des travaux aux Colonies, attend chaque jour la réalisation de promesses officieuses qui lui ont été faites au sujet d'une organisation accordant les garanties d'avenir qu'il sollicite ardemment. Il manque en effet pour ce personnel une uniformité de recrutement reconnue nécessaire pour tous les autres services du ministère de la Marine et des Colonies; et de plus, il a beaucoup à souffrir de l'absence de règles hiérarchiques qui devraient lui être spécialement applicables.

J'ai résumé, dans les pièces ci-jointes, l'expression des vœux de mes collègues conducteurs coloniaux et de mon expérience acquise pendant les sept années que je viens de passer au service d'une colonie lointaine et dans laquelle je retourne dans quelques jours.

C'est en raison de mon attachement à une cause qui me paraît pouvoir être gagnée, que je n'ai point hésité, Monsieur le Directeur, à venir vous présenter ces vœux au nom d'un personnel qui croit mériter toute votre bienveillance et votre puissante intervention près de Son Excellence M. le ministre de la Marine.

Vous pouvez être assuré d'avance de la bien vive reconnaissance avec laquelle de nombreux serviteurs dispersés dans nos possessions lointaines accueilleront l'acte d'organisation qu'ils sollicitent.

Daignez agréer, Monsieur le Directeur, l'assurance du profond respect avec lequel, j'ai l'honneur d'être

Votre très humble et très obéissant serviteur,

Signé : N...

Paris, le 1er juin 1877.

V

Les pièces jointes au Document numéro ci-dessus n'étant qu'un rappel des vœux exprimés en 1874, développés dans les documents n°ˢ 1 et 2 déjà publiés, nous ne considérons comme une utile reproduction que les 3 tableaux ci-après présentés comme annexes du document n° 4, duquel il ressort qu'en 1877 l'auteur proposait l'organisation d'un service des travaux pour les ports militaires et les colonies sous la dénomination de Génie civil en s'inspirant de ce qui a été fait pour le Génie maritime dépendant du ministère de la Marine.

Nous terminons notre essai d'organisation par la publication du dernier projet présenté en janvier 1884 (document n° 5, ci-dessous), pour lequel nous faisons le vœu qu'il soit appelé à ne pas rester enterré à tout jamais. Nous prierons s'il le faut, chacun des députés des colonies, de s'occuper de cette question dans la plus prochaine réunion du conseil supérieur des colonies. Les trois tableaux dénotent que le nombre des agents est assez important pour qu'à tous égards on s'intéresse à eux.

DOCUMENT N° 5.

Résumé d'observations faites au sujet de l'organisation du personnel des Travaux Publics employé dans les colonies.

Prenant en considération les difficultés du recrutement pour le personnel des travaux publics aux Colonies et le manque de réglementation pour l'assimilation de ce personnel avec les autres fonctionnaires civils faisant partie de l'administration coloniale, nous pensons qu'en s'inspirant des motifs exposés par M. le ministre de la marine, dans son rapport en date du 25 janvier 1883, demandant au Président de la République l'approbation d'un projet de décret pour la réorganisation des directions de l'Intérieur, il serait donné satisfaction au personnel des travaux employés dans les différents services coloniaux en faisant décréter une organisation concernant ce personnel.

Le recrutement pourrait être uniformément établi d'après le projet de loi Cantagrel et les dispositions transitoires contenues dans le titre V, chapitre 2, articles 45, 46 et 47 dudit projet déposé au parlement dans la séance du 28 mars 1881, rendues appli-

RÉPARTITION

DU PERSONNEL A EMPLOYER POUR LE SERVICE DES TRAVAUX AUX COLONIES (a)   (Tableau A.)

COLONIES	CHEFS DE SERVICE			SOUS-CHEFS de service		CHARGÉS d'arrondissement		Conducteurs de 1re, 2e et 3e classes	TOTAL du PERSONNEL entretenu	PERSONNEL D'AUXILIAIRES						RÉCAPITULATION					TOTAL par COLONIE
	Ingénieur en chef	Ingénieur colonial	Sous-ingénieur colonial	Ingénieur colonial	Sous-ingénieur colonial	Ingénieur colonial	Sous-ingénieur colonial			Élèves conducteurs (b)	Employés secondaires	Piqueurs	Agents comptables	Gardes-magasins	Écrivains	Ingénieurs en chef	Ingénieurs coloniaux	Sous-ingénieurs coloniaux	Conducteurs ordinaires	AGENTS AUXILIAIRES	
Martinique	1	»	»	1	»	»	2	8	12	1	6	6	2	2	4	1	1	2	8	21	33
Guadeloupe	1	»	»	1	»	»	2	8	12	1	6	6	2	2	4	1	1	2	8	21	33
Réunion	1	»	»	1	»	»	2	8	12	1	6	6	2	2	4	1	1	2	8	21	33
Guyane	1	»	»	1	»	1	1	12	16	2	8	12	3	3	6	1	2	1	12	34	50
Sénégal	»	1	»	»	»	»	1	4	6	1	3	3	1	1	2	»	1	1	4	11	17
St-Pierre et Miquelon	»	»	1	»	»	»	»	2	3	»	2	2	»	1	1	»	»	1	2	6	9
Ste-Marie de Madagascar	»	»	1	»	»	»	»	2	3	»	2	2	»	1	1	»	»	1	2	6	9
Mayotte et dépendances	»	»	1	»	»	»	»	2	3	»	2	2	»	1	1	»	»	1	2	6	9
Taïti	»	»	1	»	»	»	»	3	4	»	2	2	»	1	1	»	»	1	3	6	10
Nouvelle-Calédonie	1	»	»	1	»	1	2	15	20	2	10	15	3	3	6	1	2	2	15	39	59
Inde	»	1	»	»	»	»	1	4	6	»	3	3	1	1	2	»	1	1	4	10	16
Cochinchine	1	»	»	1	»	1	2	10	15	2	8	8	2	2	4	1	2	2	10	26	41
Gabon	»	»	»	»	»	»	»	1	1	»	1	1	»	1	»	»	»	»	1	3	4
TOTAUX	6	2	4	6	»	3	13	79	113	10	59	68	16	21	36	6	11	17	79	210	323
Personnel nécessaire pour le service de l'Inspection																1	2	2	3	2	10
Moyenne du personnel en non activité par suite de congé en France																»	2	2	8	20	32
																7	15	21	90	232	365

(a). Cet état ne comporte que le personnel nécessaire pour l'exécution des travaux subventionnés par la Métropole en supposant un personnel d'agents voyers coloniaux dont le contingent n'entre aucunement dans ces données.

(b). L'effectif du personnel des Élèves conducteurs sera compris dans chaque budget particulier des colonies suivant les chiffres de cette colonne afin d'assurer la solde des Élèves faisant leur stage dans les ports militaires de la Métropole et destinés à servir dans la section coloniale.

ÉTAT DES GRADES ET EMPLOIS AVEC SOLDE ET ASSIMILATION POUR LE PERSONNEL DES TRAVAUX.

GRADES OU EMPLOIS			ASSIMILATION avec le personnel du Commissariat de la Marine	SOLDE d'Europe (b)	SOLDE aux Colonies (c)	FRAIS de service aux Colonies (f)	OBSERVATIONS
GÉNIE CIVIL		SERVICE vicinal des colonies (d)					
Section métropolitaine	Section coloniale						
Inspecteur général.	Inspecteur général.	(a).	Commissaire général.	16.000 fr. »	»	»	(a). Ces fonctionnaires sont appelés à résider à Paris pour former le personnel de l'Inspection. Leurs tournées dans les Colonies feront l'objet d'ordres particuliers du Ministre. (b c). Indépendamment de ces traitements, chaque fonctionnaire aura droit aux allocations payées à son assimile du Commissariat, tant pour le logement. l'ameublement que pour la cherté des vivres. En cas de missions particulières ou d'études importantes l'abonnement pour frais de service ne sera pas payé. On appliquera le tarif pour les officiers du Commissariat en mission. (d). Les Colonies peu importantes pourront avoir le service vicinal dirigé par le Chef de Service du Génie civil. (e). Les soldes prévues pour les Ingénieurs et l'Inspecteur général sont les mêmes que celles payées actuellement dans le service des travaux hydrauliques. Celles du personnel inférieur comprennent une amélioration sollicitée depuis quelques années en raison de l'augmentation et de la cherté des choses nécessaires à la vie. (f). Le taux des frais de service est celui accordé actuellement au personnel des Colonies d'après approbation du Ministre.
Ingénieur en chef de 1re classe.	Ingénieur Inspecteur de 1re classe.		Commissaire.	11.000 »	»	»	
Ingénieur en chef de 2e classe.	Ingénieur Inspecteur de 2e classe.			10.000 »	»	»	
Ingénieur de 1re cl.	Ingénieur en chef colonial de 1re cl.	Agent voyer en chef de 1re cl.	Commissaire adjoint.	6.900 »	12.000 fr.	3.800 fr.	
Ingénieur de 2e cl.	Ingénieur en chef colonial de 2e cl.	Agent voyer en chef de 2e cl.		5.500 »	9.000 »	3.600 »	
Sous-Ingénieur.	Ingénieur colonial.	Agent voy. d'arrondissement.	Sous - Commissaire de 1re cl.	4.000 »	7.000 »	3.200 »	
Conducteur principal.	Sous-Ingénieur colonial.	Agent voy. principal.	Sous - Commissaire de 2e cl.	3.200 »	6.000 »	2.400 »	
Conducteur de 1re cl.	Conducteur de 1re cl.	Agent voyer de 1re classe.	Aide - Commissaire.	2.800 »	5.000 »	2.000 »	
Conducteur de 2e cl.	Conducteur de 2e cl.	Agent voyer de 2e classe.	Aide - Commissaire.	2.200 »	4.000 »	2.000 »	
Conducteur de 3e cl.	Conducteur de 3e cl.	Agent voyer de 3e classe.	Aide - Commissaire.	1.800 «	3.500 »	2.000 »	
Elève conducteur.	Elève conducteur.	Agent voy. surnuméraire.	Commis de Marine.	1.600 »	3.000 »	1.000 »	
Employé second. de 1re classe.	Employé second. de 1re classe.	Employé secondaire de 1re cl.	Ecrivain de Marine.	1.200 »	2.400 »	800 »	
Employé second. de 2e classe.	Employé second. de 2e classe.	Employé secondaire de 2e cl.	Ecrivain de Marine.	1.000 »	2.000 »	600 »	

TABLEAU

FAISANT RESSORTIR L'EFFECTIF DU PERSONNEL SUIVANT LE PROJET PRÉSENTÉ EN 1877

Section du cadre Métropolitain.

(EXISTANT)

(Tableau C.)

LOCALITÉS	INSPECTEUR GÉNÉRAL	INGÉNIEURS en CHEF	INGÉNIEURS ORDINAIRES	SOUS-INGÉNIEURS	CONDUCTEURS principaux	CONDUCTEURS ordinaires	ÉLÈVES CONDUCTEURS	EMPLOYÉS secondaires	TOTAUX	OBSERVATIONS
Paris	1	1	»	»	1	3	»	»	6	Suivant budget du Ministère de la Marine le personnel actuel prévu est de :
Cherbourg . . .	»	1	1	1	1	5	3	7	19	1 Inspecteur général,
Toulon	»	1	1	1	1	5	3	7	19	7 Ingénieurs en chef,
Brest	»	1	1	1	1	5	3	7	19	8 Ingénieurs ordinaires,
Rochefort . . .	»	1	1	1	1	4	3	7	18	9 Conducteurs principaux,
Lorient	»	1	1	1	1	5	3	7	19	33 Conducteurs ordinaires.
Indret	»	»	1	1	1	2	1	3	9	Les agents inférieurs sont payés
Guérigny . . .	»	»	»	»	1	1	»	2	4	sur les fonds prévus pour salaires
Totaux . . .	1	6	6	6	8	30	16	40	113	aux contremaîtres et ouvriers, et classés suivant les différentes catégories de journaliers des Ports.

Section du cadre Colonial.

(A CRÉER)

	INSPECTEUR GÉNÉRAL	INGÉNIEURS INSPECTEURS	INGÉNIEURS en CHEF COLONIAUX	INGÉNIEURS COLONIAUX	SOUS-ingénieurs COLONIAUX	CONDUCTEURS ordinaires	ÉLÈVES CONDUCTEURS	EMPLOYÉS secondaires et divers auxiliaires	TOTAUX	OBSERVATIONS
Voir répartition d'autre part (Tableau A). Personnel en résidence fixe à Paris (Tableau B, renvoi (a), Colonne d'obs.).	1	3	6	13	21	90	10	222	365	Le personnel actuellement employé dans le service des travaux aux colonies atteint un total d'employés plus élevé que 365. Mais cette différence tient à la réserve à part d'un personnel que l'on attacherait au Service vicinal rétribué par le Service local.

cables au personnel des conducteurs et ingénieurs coloniaux n'appartenant pas au cadre
du ministère des travaux publics. On obtien-
drait ainsi, par analogie avec ce qui était
proposé dans ces articles du projet Cantagrel
et qui vient d'être admis en faveur du personnel auxiliaire créé par le ministère
Freycinet, la régularisation des titres nécessaires à des fonctionnaires comptant déjà
quinze ou vingt ans de service dans les
colonies.

La fusion ainsi faite du cadre métropolitain avec le cadre colonial actuel amènerait
les ingénieurs, anciens élèves de l'École
polytechnique, à l'obligation de servir aux
Colonies. Il en résulterait un rehaussement
de la valeur du personnel.

Ce personnel aurait d'autant plus de valeur
qu'il ne pourrait être recruté désormais que
par la voie du concours et suivant des règles
uniformément établies pour la France et les
Colonies.

Nous demandons l'assimilation avec le
personnel des directions de l'Intérieur d'après
l'exemple suivant :

Ingénieur en chef de 1re et 2e classe.	Directeur de l'Intérieur.
Ingénieur de 1re classe.	Secrétaire général.
Ingénieur de 2e classe.	Chef de bureau de 1re cl.
Sous-ingénieur de 1re cl.	Chef de bureau de 2e cl.
Sous-ingénieur de 2e et 3e classe.	Sous-chef de bureau de 1re classe.
Conducteur de 1re classe.	Sous-chef de bureau de 2e classe.
Conducteur de 2e classe.	Commis principal.
Conducteur de 3e classe.	Commis de 1re classe.
Employé secondaire de 1re classe.	Commis de 2e classe.
Employé secondaire de 2e classe.	Écrivain de 1re classe.
Employé secondaire de 3e classe.	Écrivain de 2e classe.

Il n'est pas fait mention ci-dessus de l'assimilation des ingénieurs en chef généraux,
parce que l'élévation de leur grade les met
au-dessus de celui de directeur de l'Intérieur.

Nous pensons qu'il y aurait lieu de les
assimiler aux commissaires généraux, attendu aussi que leurs fonctions seraient
celles dévolues actuellement aux inspecteurs
généraux des Ponts et Chaussées.

Le personnel des travaux aux Colonies,
qu'il soit employé au compte du budget local,
colonial ou pénitentiaire, devrait être réglementé uniformément, tant pour le recrutement et les conditions d'avancement que
pour la solde et la hiérarchie.

Son attache avec le service des travaux
dans les ports militaires de la Métropole,
entraînant cependant pour le décompte des
années de services, au sujet des droits pour
la retraite, à une bonification en raison des
années de séjour colonial, il y aurait lieu de
bonifier de moitié chaque année de service
aux Colonies et de décompter la retraite sans
condition d'âge en exigeant seulement vingt-
cinq ans de services effectifs, dont dix ans de
Colonies. Ces avantages étant réservés surtout au personnel envoyé de France aux
Colonies.

Des retraites proportionnelles à partir de
quinze ans de services, dont dix aux Colonies,
pourraient être accordées sur la demande
des fonctionnaires, soit pour infirmités con-
tractées en service, soit pour servir à l'industrie.

Des retraites proportionnelles seraient
accordées pour les mêmes motifs aux fonctionnaires ayant atteint vingt ans de services,
dont moins de dix ans aux Colonies.

Après un minimum de dix ans de services,
dont cinq en qualité de conducteur, de sous-
ingénieur ou d'ingénieur, tant en France
qu'aux Colonies, il pourrait être accordé des
congés sans solde, valables pour cinq ans.

Pendant la durée de ces congés, le droit
à la retraite ne cesserait pas à condition de
verser chaque année les sommes correspon-
dantes aux retenues exigées pour le grade
obtenu au moment de la prise de congé. Les
fonctionnaires placés dans cette situation
n'auraient pas droit à l'avancement à moins
de services exceptionnels rendus dans une
industrie se rattachant à l'art de construire.

Nous signalons comme nécessaire de
retraiter les fonctionnaires suivant le grade
et non suivant la fonction. Il est à remarquer
que dans le décret du 13 juillet 1880 fixant
les parités d'office pour la retraite des chefs
de service des travaux aux Colonies, il y a
une anomalie qui peut se démontrer par le
fait de l'assimilation au grade d'ingénieur

ordinaire et d'ingénieur en chef même quand les titulaires de ces fonctions de chef de service sont simplement des conducteurs d'un rang peu élevé.

Dans ce même décret, l'agent voyer en chef, qui en France a rang d'ingénieur en chef, est inscrit pour une parité d'office avec un conducteur de 2ᵉ classe des Ponts et Chaussées.

En résumé, nous demandons l'unification du personnel des travaux publics employé en France ou dans les Colonies avec organisation des inspections techniques et que l'encouragement pour servir aux Colonies se traduise :

1° Par des suppléments de solde variant suivant les moyens d'existence dans chaque colonie.

2° Par une assimilation raisonnée au sujet des embarquements et des relations de service.

3° Par une réduction de temps dans le nombre d'années pour les droits à l'avancement.

4° Par une réduction de temps aussi en ce qui concerne le nombre d'années pour acquérir les droits à la retraite.

5° Enfin par une bonification dans le décompte de la retraite pour toute année du service colonial.

Dressé par le conducteur principal des Ponts et Chaussées soussigné :

Signé : N...

13 janvier 1884.

VI

En terminant l'énoncé de tout ce qui a été tenté depuis dix ans pour l'organisation du personnel civil des travaux dans les colonies, qu'il me soit permis quelques mots encore :

Il y a quelques mois à peine, qu'en France, il a été créé par des hommes éminents une Société pour l'encouragement du commerce français d'exportation. Cette Société qui a son siège provisoire, 2, place de la Bourse, et pour président, M. Dietz-Monin, sénateur, président de la Chambre de commerce de Paris, est appelée à populariser l'immigration française, qualité que l'on n'a reconnue jusqu'à présent, que dans la population basque et chez les habitants des villes maritimes.

Si ce sentiment de sa valeur personnelle enhardit la jeunesse française en se sentant soutenue par les principaux hommes de nos institutions commerciales, nous allons reconnaître bientôt que de son côté le Gouvernement devra encourager les grandes Compagnies de chemins de fer ou de transports maritimes à réduire leurs prix de transports en faveur des immigrants voyageant isolément ou par groupe. Une grande publicité donnée à ce mouvement naissant, sous le régime de la République, amènera les timides à suivre les exemples que cette publicité fera connaître, et nous faisons un vœu : c'est que non seulement, il soit facile de croire enfin à notre valeur comme colonisateurs, en n'épargnant pas les moyens dignes de la jeunesse française et qu'ils lui seront fournis largement (Avances de fonds, réductions de tarifs, relations avec les institutions consulaires et cercles ou sociétés de colonisation française).

De son côté, nous pensons que le Ministère de la Marine et des Colonies s'efforcera d'assurer le recrutement de son personnel colonial, dans des conditions faisant bannir à tout jamais la complaisante admission de toute nullité recommandée, comme pour éloigner du sein de sa famille un déclassé, destiné à grossir la bande des saltimbanques de la Société coloniale. Les complaisances coupables de ce genre se traduisent par un gaspillage sans nom d'une grosse partie des budgets constitués avec peine, en s'adressant aux véritables colons qui sont écœurés, non sans motifs, d'avoir d'autant plus de contributions à payer, qu'il y a de mauvais agents à entretenir.

Ce moyen détourné d'encourager l'émigration de gens incapables de se bien conduire, va à l'encontre de la création dont nous parlions plus haut et qui a pour but, au contraire, d'entretenir un courant de bonnes relations avec nos compatriotes les plus hardis et les plus dignes de porter au loin la qualité de Français !

Le temps est proche, pensons-nous, où le Ministère des Colonies comprendra l'administration de l'ensemble de nos départements d'Outre-Mer et de toutes les colonies anciennes auxquelles vont s'ajouter les territoires conquis par le vaillant amiral Courbet, le grand héros du Tonkin et par ses imitateurs, les généraux Brière de l'Isle et de Négrier.

Honneur à leurs collaborateurs de tout rang et de tout grade, jusqu'au plus humble soldat, qui, la baïonnette au canon, sachant qu'il se battait pour son pays, oubliait la distance qui l'en séparait ! Si le sol qu'il a foulé devient possession française, partez, négociants, artisans, commerçants, laboureurs, ouvriers de toutes professions et ne dites plus : Le Commerce et le Travail ne marchent pas. C'est vous qui ne voulez pas marcher ! faites comme ces braves qui vous ont assurés de la conquête et dites à vous-mêmes, à vos parents, à vos amis :

En avant !

Imp. de la Soc. de Typ. · Noizette, 8, r. Campagne-Première. Paris